Kannst Du mal die Leber halten? – Mein erster Tag auf der Jagd

Ein Bilderbuch für Kinder und Eltern, die erwachsen werden wollen.

Von Brigitte Leuchtenberger und Florian Asche

Neumann-Neudamm

„Hannah…Hannah…Hannah!
Wach auf! Komm schon, es geht los. Steh' auf, Du Schlafmütze!"

Irgendetwas rüttelt an mir, wuschelt durch meine Haare und pustet in mein Gesicht. Draußen ist es noch stockdunkel. Die Nacht ist kalt und in meinem Bett ist es so mollig warm. Ich will da nicht raus! Ich ziehe die Decke über meinen Kopf und mache mich ganz klein darunter. „Och, lass mich doch schlafen!" Doch der alte Mann, der mich weckt, ist erbarmungslos. Er nimmt einen kalten, nassen Waschlappen und legt ihn mir aufs Gesicht.

„Los, Du Schlafmaus!
Du wolltest mit, dann musst Du auch aufstehen."

Der alte Mann ist mein Großvater und heute gehe ich das erste Mal mit ihm hinaus in den Wald, auf die Jagd.

Dunkelgrau sind die Wiesen, als wir durch das taunasse Gras zum Hochsitz wandern. Am Himmel verblassen langsam die Sterne. Der alte Mann geht langsam neben mir her und hinter uns läuft der Dackel Max.

Ich überlege mir, warum mein Großvater für mich immer der „alte Mann" ist. Andere Kinder sagen „Opa" oder „Opi". Er hat mir aber mal eine Geschichte erzählt von so einem Fischer und einem Jungen und einem ganz großen Fisch. Da hieß der Fischer auch immer „der alte Mann". Der fährt eines Tages ohne den Jungen hinaus auf das Meer und fängt einen riesigen Fisch. Aber weil er den Jungen nicht dabei hat und der ihm nicht helfen kann, wird der Fisch zum Schluss von Haien aufgefressen. So ganz habe ich das nicht verstanden, aber für mich sah der alte Mann in der Geschichte immer so aus wie mein Großvater. Er hat damals gelacht und gesagt: „Ich bin ja auch ein alter Mann. Sag es nur. Man sollte immer in der Wahrheit leben."

Von Zeit zu Zeit bleibt er stehen und horcht hinaus in die Stille der Nacht. Aber eigentlich ist die Nacht im Wald gar nicht still und auch nicht auf den Wiesen. Immer knackt es irgendwo oder wir hören Flügelschlagen und Eulenrufe. Es raschelt im Gras und kraspelt zwischen den Blättern.

An einer Wegbiegung bleibt der alte Mann mit einem Ruck stehen. Vor uns grunzt es. Im Dunkelgrau erkenne ich drei Wildschweine. Sie wühlen in der Wiese nach Würmern und Käfern. Einen ordentlichen Krach machen sie dabei. Es knurpst und prustet. Und obwohl wir ganz nahe vor ihnen stehen, erkennen sie uns nicht. „Wildschweine können nicht besonders gut sehen", flüstert der alte Mann, „und weil sie selbst so einen Krach machen, hören sie auch nicht sonderlich gut. Man muss nur aufpassen, dass der Wind immer von vorn kommt, denn sie können ausgezeichnet wittern."

Ich schaue auf das Gewehr, das an seiner Schulter hängt. Will er denn gar nicht schießen? Doch der alte Mann schüttelt den Kopf.
Er reicht mir sein Fernglas. „Schau genau hin! Das sind Muttertiere. Die Bachen müssen sich jetzt um ihre Frischlinge kümmern."
Jetzt erkenne auch ich die kleinen Wildschweine. Sie flitzen durch das Gras, sie jagen und schubsen sich gegenseitig um. Manchmal quieken sie und stupsen die Mutter mit ihren Schnauzen in den Bauch.
„Sie wollen an die Milch", flüstert der alte Mann, „komm weiter".

Nach einiger Zeit stehen wir vor einem Hochsitz.
„Rauf mit dir", raunt er mir zu. „Beeil' Dich, da hinten kommt Rotwild!"
Es ist beinahe hell geworden. Ich mache, dass ich nach oben komme, obwohl ich gar nicht weiß, was genau Rotwild ist.
Vor uns liegt ein Feld mit Getreide und eine große Wiese.
Ein Fuchs ist rot …denke ich mir und suche mit dem Fernglas alles nach einem roten Pelz ab. „Da vorn stehen sie doch, Du Träumer."
Der alte Mann lacht leise. Vor uns stehen riesige Tiere. Es sind Hirschkühe mit ihren Kälbern. Sie fressen das Korn und lecken an einem Holzpfahl.
„Da habe ich letztes Jahr einen Salzstein angenagelt. Rotwild liebt Salz und es tut ihm auch gut, denn es hilft ihm gegen allerlei Darmparasiten."

Plötzlich streift uns ein Windzug. Kühl weht es uns in den Nacken.
Die Hirschkühe heben die Köpfe und schauen in unsere Richtung.
Wie auf ein Kommando drehen sich beide um und traben mit ihren Kälbern in Richtung Wald, dahin, woher sie gekommen sind.
Ich fühle mich wie vor einer leeren Bühne.

Die Zeit vergeht.

Jetzt strahlt die Sonne hell vom Himmel.
Überall zwitschern Vögel und der alte Mann erklärt mir die Vogelrufe.
„Hörst Du die Goldammer? Die ruft immer ganz lustig: Ich-ich-ich-ich …
hab Dich liiiiiiiiieeeeeeeeb! Guck mal, da hinten sitzt sie." Und er zeigt
auf einen winzigen Vogel, der aussieht wie ein kleiner Goldklumpen.
Ganz ehrlich, ich hatte mir das immer ziemlich langweilig vorgestellt, wenn
der alte Mann mir erzählte, dass er stundenlang an einer Stelle sitzt. Aber
wenn man genau hinhört und sich umschaut, dann passiert eigentlich immer
etwas um einen herum. „Jagen ist Schauen", hat der alte Mann mal gesagt.
Das soll sogar irgendein besonders kluger Mensch mal geschrieben haben.
Ich habe den Namen vergessen. Aber jetzt weiß ich, was der meint.
Wenn man auf irgendetwas Bestimmtes wartet, das man jagen will, dann
schaut man einfach genauer hin.

Ein Rehbock zieht in das Getreide. Wunderschön sieht er aus. So elegant
mit seinen riesigen dunklen Augen, großen Ohren und seinem glänzend-roten
Fell. Lange schaut der alte Mann durch sein Fernglas.

Schließlich legt er es beiseite und flüstert:
„Den nehmen wir! Rutsch' mal zur Seite. Ich brauche jetzt etwas Platz. Als erstes setzt Du Dir aber die Micky Mäuse auf. Es reicht, wenn einer von uns beiden taub ist." Er gibt mir einen Gehörschutz, den ich mir über den Kopf ziehe. Dann greift er nach seinem Gewehr und legt es auf die Brüstung. Dann rutscht er auf seinem Platz hin und her, bis er gut genug sitzt.
Ich höre ihn langsam ein- und ausatmen. Ganz leise erklärt er mir, was er sieht: „Der Bock steht jetzt hinter ein paar Halmen, da treffe ich ihn nicht … jetzt steht er spitz …jetzt zieht er …jetzt kann es gehen …"

Der Knall ist gewaltig. Eigentlich bin ich ja darauf vorbereitet, doch ich erschrecke mich furchtbar. Der Rehbock stürmt nach vorn, rennt wie ein roter Blitz durch die Wiese und ist auf einmal verschwunden, als hätte ihn der Erdboden verschluckt. Der alte Mann stellt sein Gewehr wieder in die Ecke und schaut durch sein Fernglas. „Hast Du ihn denn getroffen? Er ist doch weggelaufen." Er schüttelt den Kopf. „Der liegt dort unten in der Wiese. Weißt Du, das Wild läuft häufig noch ein paar Schritte, auch wenn es gut getroffen ist. Wir wollen ein paar Minuten warten, dann schauen wir nach."

Ich wusste gar nicht, dass ein paar Minuten so lang werden können.
Dreimal frage ich, ob wir nun endlich losgehen. Dreimal schüttelt er den
Kopf. Auch der Dackel Max fängt an zu winseln und stupst den alten Mann
in die Kniekehlen. Schließlich packt der seine Sachen zusammen und steht
langsam und etwas steifbeinig auf. Dabei stöhnt er ein bisschen und greift
sich an den Rücken. „Ach, man ist keine zwanzig mehr … Na komm.
Wir schauen mal, wo er liegt."

Tatsächlich ist der Rehbock schon lange tot, als wir zu ihm hingehen.
Er liegt inmitten von weißen Blüten im Gras.
Das Blut leuchtet uns rot entgegen. Es ist schwer zu sagen, was ich fühle.
Er war eben noch so schön und so groß. Jetzt wirkt er ganz klein.
Und dann dieser laute Schuss. Alles kam so plötzlich.
Wir schauen ihn schweigend an und ich frage den alten Mann:
„Meinst Du, dass er Schmerzen gehabt hat?"

Er schüttelt den Kopf und zeigt auf das Pflaster an seinem Finger. „Erinnerst Du Dich, als ich mich vorletzte Woche beim Holzschnitzen geschnitten habe? Das habe ich auch erst nicht gespürt. Dabei ging der Schnitt bis auf den Knochen und geblutet hat es wie Sau. Ich musste sogar in die Klinik zum Nähen. Aber so richtig weh getan hat es nicht. Die Schmerzen kommen erst später."

Er steckt dem Bock einen kleinen Zweig ins Maul, als Zeichen des Respekts. „Nein, ich glaube nicht, dass er Schmerzen gehabt hat. Halt mal!"

Er zeigt mir, wo ich mich hinstellen muss, um die Vorderbeine vom Rehbock hochzuhalten. „Wir müssen ihn jetzt aufbrechen, also die Eingeweide herausnehmen. Damit darf man nicht zu lange warten, sonst verdirbt das Fleisch."

Er nimmt sein Messer und schneidet dem Rehbock den Bauch auf.
„Schau mal, das hier ist das Herz, das pumpt das Blut durch den Körper …
die Lunge braucht er zum Atmen … hier ist der Pansen,
um die Nahrung zu verdauen … und das hier ist die Leber, die reinigt das
Blut, ebenso wie die Nieren … das alles ist auch in Deinem Körper."
Er schnauft ein wenig, als er dem Rehbock tief in den Bauch greift und alles
herauszieht, was nicht drinbleiben soll.

Dann schaut er hoch. „Ekelt's Dich?" Ich schüttele den Kopf.
Aber ganz ehrlich: Ein klein wenig ekelt es mich doch!

Kurze Zeit später hat er alle Organe aus dem Bauch geholt und
wischt sich die Hände am feuchten Gras ab.
Ich bin immer noch nachdenklich.
„Warum hast Du ihn eigentlich geschossen?"

Er setzt sich neben mich. „Na, zunächst einmal, weil ich gern einen Rehbraten esse. Und Du doch auch oder? Ach, das ist herrlich, so mit Rotkohl, Preiselbeeren und Klößen. Am besten ist der, den Deine Mutter macht. Und wenn ich dann das erste Stück auf meiner Gabel habe, weiß ich ganz genau, woher dieses Essen kommt. Das habe ich selbst aus meinem Revier mitgebracht. Wer kann das heute noch von sich sagen? Die Leute stopfen allen möglichen Kram in sich hinein, den sie aus der Tiefkühltruhe angeln und von dem sie nichts wissen als die Aufschrift auf der Packung. Kaum jemand macht sich noch einen Gedanken, woher sein Essen stammt."

Ich runzele die Stirn. Doch der alte Mann meint es ernst: „Na denk' doch mal an Dich und Deine Freunde. Deine Mama hat mir erzählt, dass ihr auf Deinem Geburtstag bei diesem Schnellimbiss wart. Und was habt ihr da gegessen?" „Hähnchen Nuggets", antworte ich lahm. „Siehst Du! Und woher kommen die wohl? Aus irgendeinem Hühnergefängnis. Und diese Hühner hatten mit Sicherheit keine so gute Zeit wie unser Rehbock hier. Der hat von Anfang an sein freies Rehleben geführt. Und heute ist er tot umgefallen."

Der alte Mann zeigt mit dem Daumen hinter sich.
„Schau mal, da hinten im nächsten Dorf ist die Schweinemastanlage von der Wiesenglück AG. Die haben da 50.000 Schweine drin. Die können sich kaum bewegen, stehen in ihrem eigenen Mist und beißen sich vor Stress gegenseitig die Schwänze ab.
Wiesenglück kann man das wohl kaum nennen. Na, und mit den Hühnern sieht das auch nicht viel besser aus. Die haben auch viel zu wenig Platz, picken sich die Federn aus und kriegen Medikamente, damit sie nicht gleich umfallen, wenn mal ein Windstoß durch den Stall weht. Und das landet dann in Deinem Schnellimbiss als Geburtstagsessen."

Gut, das habe ich verstanden, dass es den Wildtieren besser geht, doch so richtig zufrieden bin ich noch nicht. Muss man die denn totschießen?
Das lässt mir keine Ruhe.
„Wie wäre es denn, wenn wir alle einfach keine Tiere mehr essen würden? Wäre das nicht besser?", frage ich den alten Mann.

„Dann sterben sie auch. Irgendwann. Spätestens wenn ihnen im Alter die Zähne ausfallen und sie verhungern müssen. Das ist auch nicht besonders schön. Aber meistens kommt es gar nicht so weit."

Er zeigt auf die Wiese neben uns. „Schau mal! Auf dieser Wiese wächst das Futter für die Kühe vom Huber-Bauern. Der hatte früher einen Milchbetrieb. Das waren 60 Kühe, die gaben zweimal am Tag Milch und die Milch verkaufte er. Aber jetzt hat er eine neue Frau, die ist Veganerin, die wollte das nicht mehr." Ich schaue den alten Mann verständnislos an. „Veganer sind Menschen, die jede Tiernutzung ablehnen. Die trinken auch keine Milch und essen keinen Käse.

Und weil der Huber so verliebt war, hat er jetzt einen Gnadenhof für alte Kühe eingerichtet. Die bleiben bei ihm bis sie sterben, müssen aber keine Milch mehr geben." „Das ist doch eigentlich nett von ihm", meine ich. „Schon", sagt der alte Mann, „aber gestern hat er das Heu gemäht. Schließlich müssen die Kühe etwas zu fressen haben. Was meinst Du, was die Störche auf dieser gemähten Wiese machen?" Ich zucke mit den Schultern.

„Die sammeln alle toten Mäuse, Frösche und Hasen auf, die in dieser Wiese lagen. Die sind jetzt alle totgemäht, damit die Gnadenkühe vom Huber etwas zu fressen haben.

Und auf dem Weizenacker daneben sieht es nicht viel besser aus,
wenn geerntet wird. Auch für ein Brot sterben Tiere. Nur daran denkt der
Huber nicht. Der glaubt tatsächlich, dass auf seinem Hof kein Tier mehr
sterben muss. Ein Leben ohne Tod gibt es aber gar nicht. Gott sei Dank!"
Er legt sich hin und breitet die Arme aus.

„So wird es mir auch eines Tages gehen. Ihr werdet zu mir nach Hause
kommen und ich werde so in meinem Bett liegen. Siehst Du, so!
Der Tod ist die beste Erfindung, die es überhaupt auf der Welt gibt.
Stell dir vor wie langweilig es ohne ihn wäre. Es gäbe immer die gleichen
Menschen und immer die gleichen Tiere. Weil ja niemand mehr sterben
würde, wäre die Welt eines Tages so voll, dass keiner mehr dazu kommen
könnte. Wir würden eines Tages alles voneinander wissen und auch von der
Welt. Und wir wären kreuzunglücklich, weil es nichts mehr zu entdecken
gäbe. Nur der Tod schafft Platz für Neues. Er ist unser bester Freund.
Dieser Rehbock hier macht Platz für einen anderen. Und ich werde Platz
machen für Dich und andere Rotznasen wie Deine Freunde.
Und nun komm. Wir gehen nach Hause und frühstücken."

Er fasst den Rehbock an seinen Hörnern und dreht sich zu mir um.
„Kannst Du mal die Leber halten? Der Bock ist schon schwer genug und Max zieht immer wie ein Wilder an der Leine." Er drückt mir das wabbelige Ding in die Hand. Erst kriege ich einen Schreck, weil es noch ganz warm ist, doch er lacht mir zu. „Wer mitjagt, der muss auch mithelfen. Komm!"

Und so ziehen wir los. Der alte Mann schleppt den Rehbock, ich halte die Leber und Max läuft ganz aufgeregt neben uns her. Ein bisschen komme ich mir vor wie einer der Steinzeitmenschen aus meinem Geschichtsbuch.
Die haben auch immer etwas nach Hause gebracht und dann aufgegessen.

Und so ist es dann auch bei uns.
Zum Mittagessen sitzen wir alle zusammen und Mama hat die Leber für uns gebraten. Mit Zwiebeln und Äpfeln und Kartoffelstampf.

Und ganz ehrlich, das schmeckt absolut großartig!

Das war vor einem Jahr.

Wenn ich den alten Mann heute besuche,
dann denke ich genau an diesen Tag.

Die Mücke sitzt an einem Bein
und saugt das Blut in sich hinein,
des Menschen, welcher unbedacht,
im Schatten eine Pause macht.
Sie schwirrt davon und als sie munter
den Bach entlangfliegt rauf und runter,
da schießt aus kühler Wasserquelle
zum Licht hinauf die Bachforelle
und schnappt die Mücke blitzesschnell,
bevor sie eintaucht in den Quell.
Dort hat sie an des Baches Grund,
so zwischen vielen rauhen Steinen,
die Brut gelegt, die Eier rund
und deshalb sollte man schon meinen,
dass bald die jungen Fischlein schlüpfen
und in dem kühlen Wasser hüpfen.
Doch eine Ente hat indessen
die ganze Brut schon aufgefressen.
Sie fliegt davon in großer Höh'
und denkt nicht an der Fische Weh.
Da knallt ein Schuss, die Ente fällt,
so wie ein Stein hinab zur Erden.
Dort hat ein Mensch sich aufgestellt
und denkt „Das soll mein Braten werden!"
Er nimmt die Beute in die Hand
und wendet sich vom Bachesrand.
Dabei kratzt er sein linkes Bein,
wo eben saß das Mückelein.

Für Arno und Johanna
mit einem ganz besonderen Dankeschön

Impressum

ISBN 978-3-7888-1617-9

3. Auflage 2016
Printed in Germany

**Erschienen im Ressort Jagd-Praxis
im Auftrag des Verlages
J. Neumann-Neudamm**

© 2021 Verlag J. Neumann-Neudamm

c/o NJN Media AG
Schwalbenweg 1
D-34212 Melsungen

info@neumann-neudamm.de
www.neumann-neudamm.de

Das Werk, einschließlich seiner Teile, ist urheberrechtlich geschützt. Jede Verwertung außerhalb der engen Grenzen des Urheberrechtsgesetzes ist ohne Zustimmung des Verlages unzulässig und strafbar. Das gilt insbesondere für Vervielfältigungen, Übersetzungen, Mikroverfilmungen und die Einspeicherung und Verarbeitung in elektronischen Systemen.